Made in the USA
Monee, IL
19 November 2020

48543281R00056